Axl Rose Adult Coloring Book

Guns'N'Roses Lead Singer and Hard Rock Icon, AC/DC Vocalist and Talented Rebel Inspired Adult Coloring Book

Lisa Howard

GUNS N' ROSES

GUNS N' ROSES

GUNS N' ROSES

NOVEMBER RAIN
GUNS N' ROSES

toute l'anné
ont rien à f
th. Ce n'est
es avocats
toute la sem
rent un Harl
pour aller fr
faire croire
es gens ne
jouets, et
ent malheure
ral aux State
tation, pas
son imagin

iques et son
cert à Paris
ant, à Toulou
mars. Et un
ance de fai
us réserve
pendrait de
tous là, ave

Pierre WATR

Mykey

NINA

GUNS·N·
ROSES

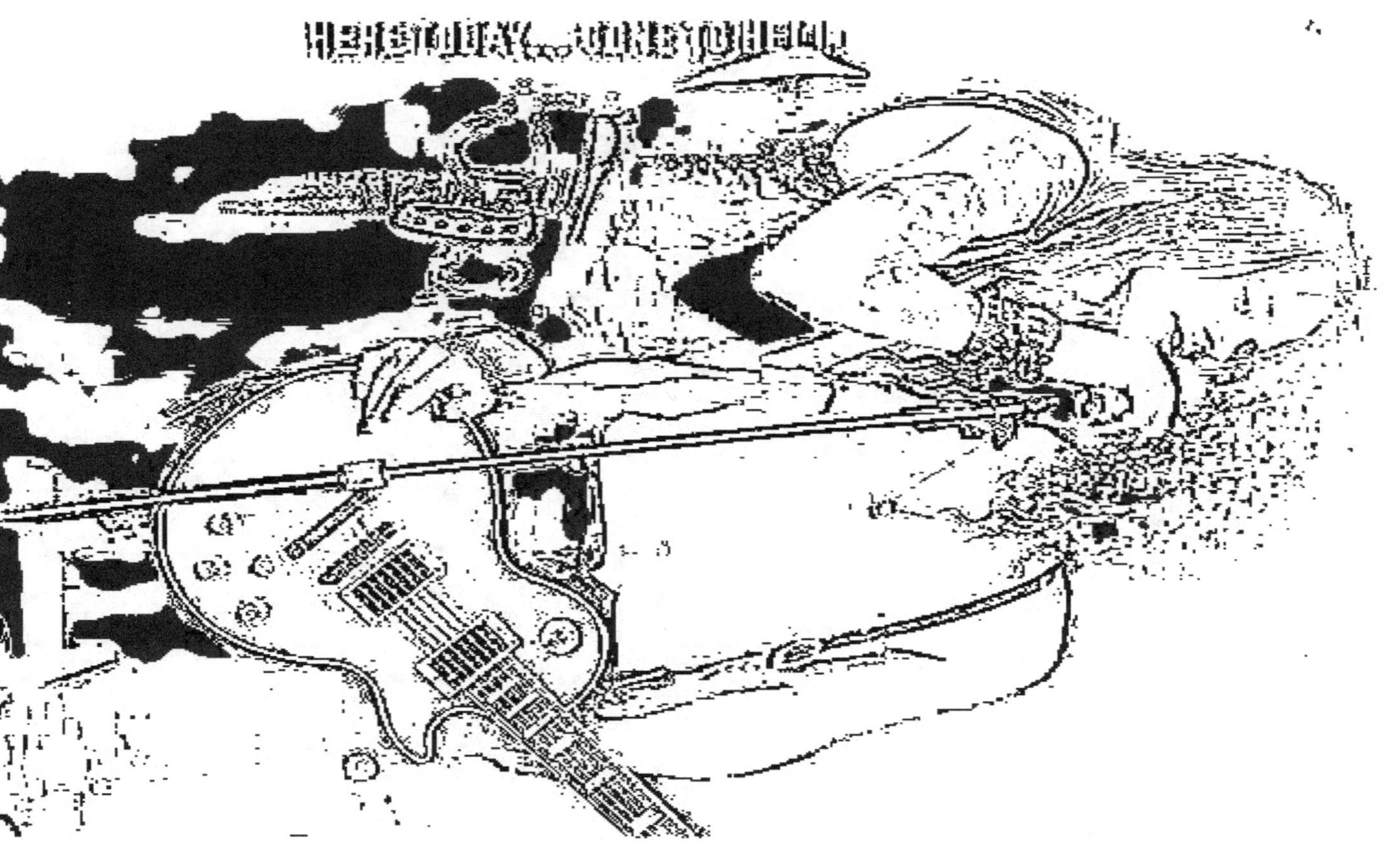
HERE TODAY... GONE TO HELL